Bibliografische Information der Deutschen Nationalbibliothek:

Die Deutsche Bibliothek verzeichnet diese Publikation in der Deutschen National-
bibliografie; detaillierte bibliografische Daten sind im Internet über http://dnb.d-
nb.de/ abrufbar.

Impressum:

Copyright © 2017 GRIN Verlag
Druck und Bindung: Books on Demand GmbH, Norderstedt Germany
ISBN: 9783668736054

Dieses Buch bei GRIN:

https://www.grin.com/document/429211

Tamara Breitbart

Ein Vergleich der Konsonantenlänge von Geminaten und Singletons im Italienischen

GRIN Verlag

GRIN - Your knowledge has value

Der GRIN Verlag publiziert seit 1998 wissenschaftliche Arbeiten von Studenten, Hochschullehrern und anderen Akademikern als eBook und gedrucktes Buch. Die Verlagswebsite www.grin.com ist die ideale Plattform zur Veröffentlichung von Hausarbeiten, Abschlussarbeiten, wissenschaftlichen Aufsätzen, Dissertationen und Fachbüchern.

Besuchen Sie uns im Internet:

http://www.grin.com/

http://www.facebook.com/grincom

http://www.twitter.com/grin_com

Studiengang: BA Italienische Studien

Seminar: Der Erwerb der Phonologie im bilingualen Individuum

Abgabedatum: 22. März 2017

Ein Vergleich der Konsonantenlängen von Geminaten und Singletons im Italienischen

Tamara Breitbart

Abstract

Ziel der vorliegenden Arbeit ist es zu analysieren, ob intervokalische, ambisyllabische Geminaten in zweisilbigen Wörtern mit Penultima Betonung länger artikuliert werden als Singletons in ähnlichem Rahmen. Zudem wird untersucht, ob die Klassenstufe und folglich das Alter sowie die Artikulationsfähigkeit der Versuchsperson einen Einfluss auf die Dauer der Geminaten hat. Um diese Forschungsziele zu erreichen, wurden sieben Schüler der italienischen Grundschule Hamburg interviewt und aufgezeichnet. Bei den Versuchspersonen handelt es sich um Schüler der ersten, dritten und vierten Klasse, die als Herkunftssprecher einzuordnen sind. Die Sprachproben wurden mit Folker transkribiert und diese Transkriptionen auf passende Wörter hin untersucht. Die Sounddateien wurden in Praat hochgeladen um dann die Konsonantenlänge der ausgewählten Wörter zu messen. Anschließend wurde der Durchschnittswert der Geminaten und jener der Singletons eines jeden Kindes errechnet, bevor die Mittelwerte erneut aufaddiert wurden, um den Gesamtdurchschnitt der Artikulationslängen zu ermitteln. Zudem wurden die letzten Schritte nochmals durchgeführt, jedoch um hier die Mittelwerte für die jeweilige Klassenstufe zu errechnen. Die Studie ergab, dass die Geminaten im Schnitt 0,054 Sekunden länger artikuliert wurden als die Singletons, während die Klassenstufe keinen Einfluss auf die Länge der Geminaten aufweist.

Inhaltsverzeichnis

1. Einleitung

Ein typisches Phänomen der italienischen Phonologie/Sprache ist die Existenz von lexikalischen Geminaten. Hierbei handelt es sich um gedoppelte oder auch gelängte Konsonanten, die sich von Singletons durch ihre Eigenschaft, länger gesprochen zu werden, unterscheiden. Geminaten genießen Phonemstatus, da durch das Ersetzen von langen und kurzen Konsonanten ein Bedeutungsunterschied entstehen kann – [fatːo] *fatto* ‚gemacht' : [ˈfato] *fato* ‚Schicksal'. Im Italienischen sind lediglich acht Konsonanten nicht von dem Längenkontrast betroffen, so sind /j/, /w/ und /z/ immer kurz, während /ʃ/, /ɲ/, /ʎ/, /t͡s/ und /d͡z/ stets lang auftreten. Geminaten treten vermehrt in zwei Positionen in der Zeitschicht auf, die erste Position ist der Coda, die zweite Position ist der Anfangsrand der darauffolgenden Silbe, wodurch Geminaten als ambisyllabisch gelten. (vgl. Gabriel und Meisenburg 2007). In der vorliegenden Arbeit soll überprüft werden, ob die Artikulationslänge von Geminaten im Italienischen – wie angenommen – signifikant länger ist, als die des Singletons im ähnlichen Rahmen. Des Weiteren soll erforscht werden, ob es zwischen den unterschiedlichen Klassenstufen, einen deutlichen Unterschied der Artikulationslänge gibt. Zu diesem Zweck wird die Konsonantenlänge von italienischen, intervokalischen Geminaten, der von Singletons gegenübergestellt und analysiert. Zunächst wird in dieser Arbeit eine theoretische Einführung gegeben und auf die phonologische Darstellung von Geminaten eingegangen um so Hintergrundinformationen bereitzustellen und zu einer besseren Verständlichkeit der Arbeit beizutragen. In einem weiteren Schritt werden dann die Forschungsfragen dargelegt, bevor im dritten Kapitel der vorliegenden Arbeit die Studie vorgestellt wird. Hier wird zunächst auf die Teilnehmer und die angewandte Methode eingegangen und anschließend die verwendeten Daten dargelegt. In einem weiteren Schritt werden die Ergebnisse der vorangegangenen Studie präsentiert und diese im anschließenden fünften Kapitel diskutiert. Den Abschluss der Arbeit bildet ein Fazit in welchem die vorliegende Arbeit resümiert wird und mögliche Forschungsfragen für weiterführende Arbeiten aufgezeigt werden.

2. Hintergrund

Die Geminate, auch Langkonsonant oder Doppelkonsonant genannt, ist laut Definition ein „meist ambisyllabisch auftretender Konsonant, der sich gegenüber einem anderen Konsonanten [Singleton] nur durch [seine] längere Artikulationsdauer (Quantität) auszeichnet."(Bußman 2008). Dieser Unterschied ist gerade im Italienischen phonologisch relevant, da er bei Minimalpaaren zu einem Bedeutungsunterschied führt. (vgl. Bußman 2008). So kann am folgenden Beispiel gesehen werden, dass die Existenz der Geminate einen solchen Bedeutungsunterschied zur Folge hat: [fatːo] fatto ‚gemacht' : [ˈfato] fato ‚Schicksal' (vgl. Chang 2000).

Neben der hier analysierten lexikalischen Gemination, gibt es noch zwei weitere Formen dieses Phänomens: intrinsische Geminaten (a) sowie das Raddoppiamento fonosintattico [RF] (b)

a) /ʃ/, /ɲ/, /ʎ/ treten intervokalisch ausschließlich als Geminaten auf, /ts/ und /dz/ gelten als Sonderfälle. Diese Konsonanten weisen folglich keinen Längenkontrast auf, ihre Länge im intervokalischen Umfeld gleicht zudem jener der Geminaten. (vgl. Passino 2008)

b) Das RF gibt es in diverse Formen – nimmt man eine Wort1 Wort2 Kombination an, kann es den Anfangskonsonanten von Wort2 betreffen, wenn Wort1 mit einem betonten Vokal endet:diventò grande → [diventò gːrande] ‚er ist herangewachsen'. (vgl. Passino 2008) Eine andere Möglichkeit ist, dass Wort1 mit dem gleichen Konsonanten endet wie Wort2 und so durch die Aussprache eine falsche Geminate entsteht, an dessen Position ursprünglich eine Wortgrenze liegt: al lido → [alːˈido] ‚am Strand'. (vgl. Payne 2005)

Zudem gibt es bei Geminaten auch regionale Unterschiede (vgl. Chang 2000). Während der Norden Italiens zur Degeminierung neigt, kommt es im Süden vermehrt zur Lenisierung (vgl. Payne 2005). Bei der Degeminierung handelt es sich um die Vereinfachung von Doppelkonsonanten, so wird *vacca* ,Kuh' im Norditalienischen /vaka/ artikuliert anstatt des Standarditalienischen /vakka/.(vgl. Stevens 2011). Unter Lenisierung versteht man die „phonetisch motivierte Lautveränderung, die zur Reduktion von Lauten, im Extremfall auch zu Lautverlust führt; [...]" (Bußmann 2008). Bei der hier erwähnten Konsonantenlenisierung handelt es sich, genauer gesagt, um die „Abschwächung der Konsonantenstärke durch Reduzierung des Atemdruckes und der Musekelspannung bzw. der Sonorität bis hin zum Lautverlust [...]" (Bußmann 2008).

Ein weiterer Faktor, mit Auswirkung auf die Gemination, ist die Sprechgeschwindigkeit. Nach Pickett et al. (1999) nimmt die Länge der Geminaten mit steigender Sprechrate ab und auch Tagliapietra und McQueen (2010) folgen der Annahme, dass die Sprechrate zu der Differenzierung zwischen Geminaten und Singletons beiträgt. Zudem gilt die Länge des Vokals vor dem Singleton bzw. der Geminate als weiteres – wenn auch zweitrangiges –Unterscheidungskriterium. Demnach hängt das Verhältnis zwischen der Konsonantendauer und dem vorangehenden Vokal maßgeblich mit der Gemination zusammen (vgl. Giovanardi & Di Benedetto 1998; Zmarich & Gili Fivela, 2005; Tagliapietra und McQueen 2010). Der Vokal vor einem Singleton wird also länger artikuliert, als jener vor der Geminate (vgl. Faluschi & Di Benedetto 2001). Als Beispiel ist hier das /a/ in [ˈfato] *fato* ,Schicksal' und [fatːo] *fatto* ,gemacht' anzuführen, welches vor dem Singleton länger artikuliert wird, als vor der Geminate.

2.1 Die Phonologische Repräsentation von Geminaten

Bezüglich der phonologischen Darstellung von Geminaten gibt es zwei grundlegende Schulen (vgl. Loporcaro 1990). Die Traditionelle (a) sieht Geminaten als zwei identische Segmente, die zu zwei unterschiedlichen Silben gehören und eine Coda-Onset Sequenz belegen (vgl. ebd.). Dieser Schule

gehören nach Loporcaro (1990) unter anderem Swadesh (1937), Trubeckoj (1939), Porru (1939),

Hall (1948), Muljačić (1972), Mioni (1973), Bertinetto (1981; 1985), und Vogel (1982) an. Die

andere Richtung (b), vertreten von De Gregorio (1935), Romeo (1967), Valesio (1967), Saltarelli

(1970), Martinet (1975), Hurch -Tonelli (1982) und Luschützky (1984), sieht Geminaten indes als

das genaue Gegenteil an: als einzelne Segmente auf phonologischer Ebene, die durch die

Eigenschaft [+gespannt] bzw. [+lang] charakterisiert werden und die Onset-Position der

darauffolgenden Silbe belegen. (vgl. Loporcaro 1990) In der Abbildung (1) wird die

Silbenverteilung der beiden Schulen zusätzlich schematisch dargestellt:

(1)   a. 'CVC1$C2V   b.'CV$C:V

        [fat.to] fatto   [fa.t:o]fatto → gemacht

Abb. 1: schematische Darstellung der vertretenen Traditionen (Loporcaro 1990)

Auch heute noch wird die phonologische Repräsentation und die Charakteristika von Geminaten

in der Literatur diskutiert.

Chomsky und Halle (1968) haben Singletons und Geminaten durch das Merkmal [±lang]

unterschieden – dies lässt die Repräsentation beider Traditionen zu. Demnach können Geminaten

entweder ein einzelnes Segment mit der Eigenschaft [+lang], oder zwei Segmente mit der

Eigenschaft [-lang] darstellen (2).

(2)   a. ein [+lang] Segment   b. zwei [-lang] Segmente

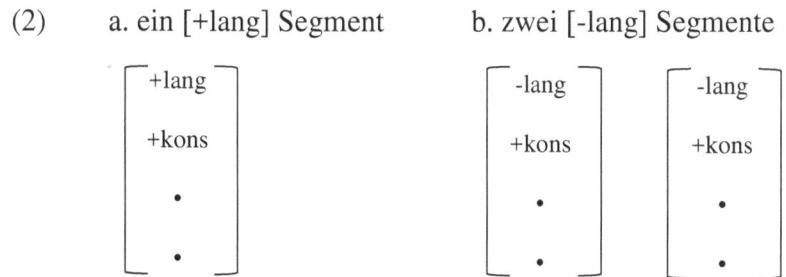

Abb.:Geminateneigenschaften nach Chomsky & Halle (1968) in Ham (1998)

7

Diese Arbeit folgt der Annahme, dass der Unterschied zwischen Geminaten und Singletons primär auf ihrer Länge basiert und sieht Geminaten als phonetisch lange, ambisyllabische Konsonanten an, da dies in der aktuelleren Literatur die herrschende Meinung darstellt. (Bertinetto & Loporcaro, 2005; Payne, 2005).

2.2. Die Forschungsfrage

Die vorliegende Arbeit soll folgende Forschungsfragen beantworten:

- Werden intervokalische Geminaten in zweisilbigen Wörtern mit der Betonung auf der vorletzten Silbe signifikant länger artikuliert, als Singletons im ähnlichen Rahmen?

- Liegt ein Unterschied in der Geminatenlänge zwischen den untersuchten Klassenstufen vor und lässt sich so auf eine zu- oder abnehmende Artikulationslänge bei steigendem Alter, respektive, steigenden Artikulationsfähigkeiten schließen?

Zu diesem Zweck wurde die nun folgende Studie durchgeführt.

3. Studie

3.1 Teilnehmer

Ziel der Studie ist es zu ermitteln, ob Geminaten länger artikuliert werden als Singletons. Zu diesem Zweck wurden sieben 2L1 Sprecher interviewt und die aufgezeichneten Sprachbeispiele systematisch analysiert. Hierbei handelt es sich um Schüler der ersten, dritten und vierten Klasse der italienischen Grundschule in Hamburg, die Deutsch und Italienisch sprechen. Die interviewten Kinder galten als Herkunftssprecher, das heißt, dass die von Ihnen gesprochene Sprache von den vorherigen Generationen an sie weitergegeben wurde. Ihre Aussprache wird als muttersprachlicher wahrgenommen, als die von L2 Sprechern, jedoch werden sie nicht für L1 Sprecher gehalten, (vgl. Kupisch et. al. 2014) befinden sich also auf einer Zwischenstufe. Die Kinder des verwendeten

Korpus wurden aufgrund der Bandbreite an Klassen- und Altersstufen ausgewählt, um einen möglichst breit gefächerten Datenstamm und somit umfassendere und genauere Ergebnisse zu erhalten. Interviewt wurden die Erstklässler Emilio und Ambra, die Drittklässler Ludovica und Alessandro sowie Iorana, Kevin und Danilo aus der vierten Klasse. Die Schülerinnen und Schüler wurden meist einzeln von einer Interviewerin aufgenommen, sodass jeweils bis zu vierzigminütige Aufnahmen von Spontandaten entstanden sind. In diesen Gesprächen wurden die Kinder zunächst meist zur heimischen Sprachsituation befragt, bevor sie in ein Spiel eingebunden oder aufgefordert wurden, eine Geschichte zu erzählen. Alle Aufnahmen wurden in der Schule gemacht, sodass die Kinder in einem italienischsprachigen Umfeld waren. Die Interviewer haben mit den Kindern zudem ausschließlich Italienisch gesprochen. Zur akustischen Aufnahme der Kinder wurden hochwertige Rekorder genutzt, sodass jedes Detail aufgezeichnet werden konnte und gut verständlich ist.

3.2 Methode

Die gesammelten Daten stammen aus dem deutsch-italienischen Korpus Döhrnstrasse und wurden mithilfe des Programms Folker zunächst transkribiert, bevor die dazugehörigen Sounddateien dann mittels Praat einer detaillierten Analyse der Konsonantenlänge der ausgewählten Wörter unterzogen wurden. Zunächst wurden die erzeugten Transkriptionen auf die benötigten Geminaten und Singletons hin untersucht und der Zeitpunkt des dazugehörigen Wortes erfasst. Im nächsten Schritt wurden die Sounddateien in Praat transferiert und die ermittelten Sprechzeitpunkte in Sekunden umgerechnet, um anschließend das selektierte Wort auszuwählen und mit Hilfe des Programms die Konsonantenlänge der Geminaten und Singletons im Oszillogramm zu messen. Die nachfolgende Abbildung 3 zeigt ein Beispiel für die Darstellung einer Geminate in Praat, während Abbildung 4 ein Singleton darstellt. Beide Beispiele wurden von Emilio artikuliert.

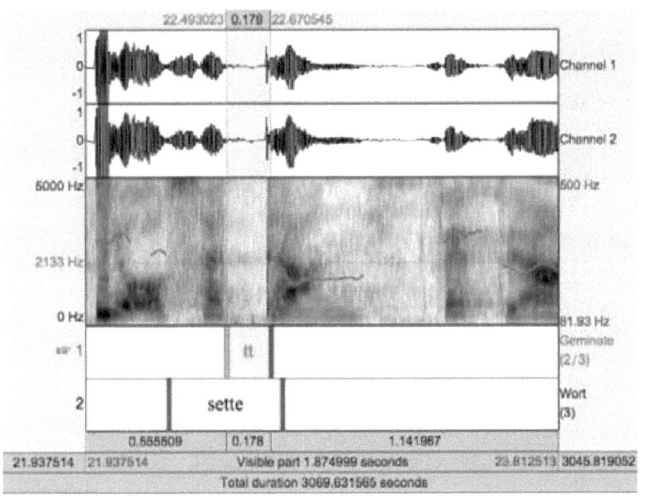
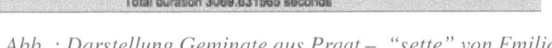

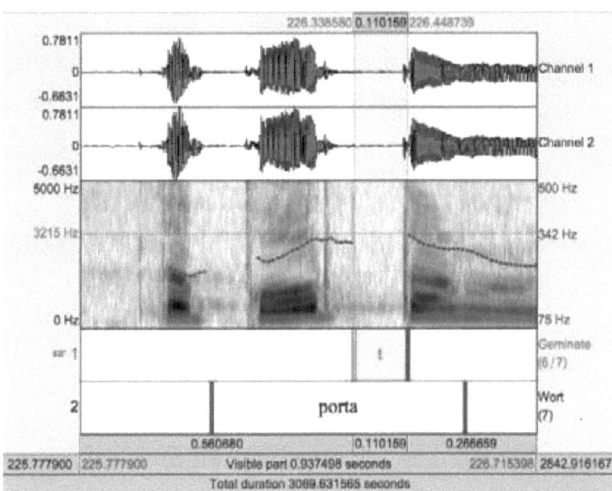

Abb. : Darstellung Geminate aus Praat – "sette" von Emilio   *Abb. : Darstellung Singleton aus Praat – "porta" von Emilio*

In einem nächsten Schritt wurden alle Konsonantenlängen gemessen, die ermittelten Werte aufaddiert und die durchschnittliche Länge der Geminaten sowie Singletons eines jeden Kindes berechnet. Anschließend wurden dann diese Mittelwerte aller Kinder, unterteilt in Geminaten und Singletons, erneut summiert und der finale Durchschnittswert aller Geminaten sowie Singletons errechnet. Die ermittelten Werte der Kinder sowie die vollständige Liste aller analysierten Wörter können den **Tabellen 1-7** entnommen werden.

Kevin 4.Kl.

G	T in s	S	T in s
tutto	0,191	nato	0,070
posso	0,109	cosi	0,114
metti	0,077	borta	0,150
fatto	0,084	cosa	0,043
città	0,052	quanti	0,097
detto	0,094	quasi	0,047
tutto	0,133	porte	0,045
tutto	0,137	tanto	0,075
tutto	0,129	molta	0,040
mette	0,103	carta	0,124
tutto	0,091	moto	0,076
	Ø **0,109**	forse	0,039
		orso	0,037
		cosa	0,028
		così	0,064
			Ø **0,070**

Tabelle 1: Artikulationsdauer Kevin

Iorana 4.Kl.

G	T in s	S	T in s
tutti	0,114	sete	0,098
metto	0,100	così	0,057
fatto	0,108	cosa	0,058
tutto	0,198	cose	0,120
frutta	0,107	scusa	0,093
metti	0,137	parte	0,152
sotto	0,126	forse	0,098
posso	0,120	tante	0,057
metto	0,087	carte	0,090
tutte	0,107	torta	0,105
mette	0,100	porta	0,107
metto	0,172	auto	0,066
letto	0,103	cose	0,099
gatto	0,130	così	0,076
	Ø **0,122**		Ø **0,091**

Tabelle 2: Artikulationsdauer Iorana

Danilo 4.Kl

G	T in s	S	T in s
otto	0,15	pause	0,053
tutti	0,097	così	0,067
rosso	0,197	torta	0,125
metto	0,118	cose	0,087
tutto	0,22	tante	0,069
gatto	0,187	carta	0,074
posso	0,22	vuoto	0,044
detto	0,109	forse	0,11
rotto	0,114	gita	0,063
fatto	0,078	stato	0,057
messo	0,141	casa	0,097
tutti	0,88	porta	0,094
	Ø **0,209**	pronti	0,057
		tanti	0,043
			Ø **0,074**

Tabelle 3: Artikulationsdauer Danilo

Ludovica 3.Kl.

G	T in s	S	T in s
tutta	0,090	gità	0,107
classe	0,146	volta	0,073
città	0,152	certo	0,041
fatto	0,155	punto	0,034
letto	0,120	forse	0,092
mette	0,126	cosa	0,048
detto	0,110	casa	0,067
gatto	0,081	porta	0,068
disse	0,137	cose	0,089
posso	0,079	volte	0,105
stesso	0,100	tanto	0,110
scritto	0,089	punto	0,073
rossi	0,152	volta	0,036
sotto	0,120		Ø **0,073**
messo	0,162		
tutto	0,136		
rossi	0,201		
tutti	0,049		
tutta	0,091		
Ø **0,121**			

Tabelle 4: Artikulationsdauer Ludovica

Alessandro 3.Kl.

G	T in s	S	T in s
metto	0,044	volte	0,064
rosso	0,187	scusa	0,092
gatto	0,19	vento	0,067
letto	0,24	porta	0,086
fatto	0,065	morto	0,077
petto	0,137	tante	0,086
tratto	0,109	cosi	0,09
notte	0,15	fata	0,168
rossa	0,094	vita	0,171
mette	0,107	quanto	0,057
mette	0,111	senti	0,046
gatto	0,111	carta	0,092
Ø **0,129**		prese	0,143
			Ø **0,095**

Tabelle 5: Artikulationsdauer Alessandro

Emilio 1.Kl.

G	T in s	S	T in s
sette	0,178	porta	0,110
città	0,117	carta	0,143
gatto	0,105	torta	0,081
fatto	0,125	volta	0,029
detto	0,149	molte	0,082
fatto	0,1	dato	0,105
Ø **0,129**		carta	0,089
		tanto	0,067
			Ø **0,088**

Tabelle 6: Artikulationsdauer Emilio

Ambra 1.Kl.

G	T in s	S	T in s
gatto	0,223	quanti	0,11
rosso	0,239	prato	0,177
fatto	0,144	torta	0,123
posso	0,172	così	0,27
Ø **0,195**		cosa	0,041
		auto	0,129
			Ø **0,142**

Tabelle 7: Artikulationsdauer Ambra

3.3 Daten

Bei der Untersuchung lag der Fokus auf der Artikulationslänge der Singletons /t/ und /s/ sowie der Geminaten /t:/ und /s:/, da zu diesen ausreichend Daten im Korpus vorhanden waren. Somit wurden folglich stimmlose, alveolare Plosive (/t/) sowie stimmlose, alveolare Frikative (/s/) untersucht.

Die analysierten Geminaten sind stets intervokalisch in zweisilbigen Wörtern,

deren Betonung auf der ersten Silbe liegt, angesiedelt, sodass diese folgendes Muster aufweisen:

$C\acute{V}C_1.C_1V$

Abb. 5: Betonter Vokal, gefolgt von einer Geminate (McCrary 2004)

Hierbei wurde darauf geachtet, dass sich die Geminate im Coda der ersten Silbe und im Onset der

zweiten Silbe befindet, wie den folgenden Abbildungen 6 und 7 zu entnehmen ist.

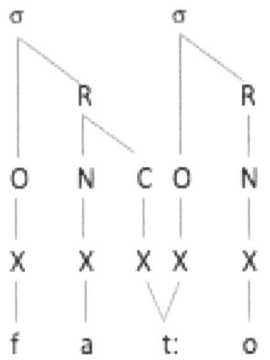

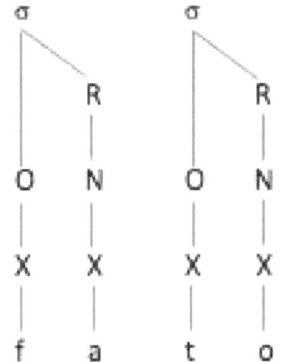

Abb. : Silbenstrukturbaum ['fat.to] fatto 'gemacht'   *Abb. : Silbenstrukturbaum ['fa.to] fato 'Schicksal'*

Die Singletons hingegen sind nur teilweise intervokalisch, bei den restlichen wurde darauf

geachtet, dass auf den Konsonanten ein Vokal folgte. Um nur intervokalische Singletons zu

analysieren, gab es im Korpus nicht ausreichend zutreffende Daten. Es wurden insgesamt 78

Geminaten sowie 83 Singletons ausgewählt und einer Analyse unterzogen (Tabelle 1-7), die

Ergebnisse werden in Kapitel 4 dargelegt.

4. Ergebnisse

Dem nachstehenden Diagramm (Abbildung 8) können die ermittelten Durchschnittswerte

entnommen werden, diese basieren auf den Tabelle 1 bis 7.

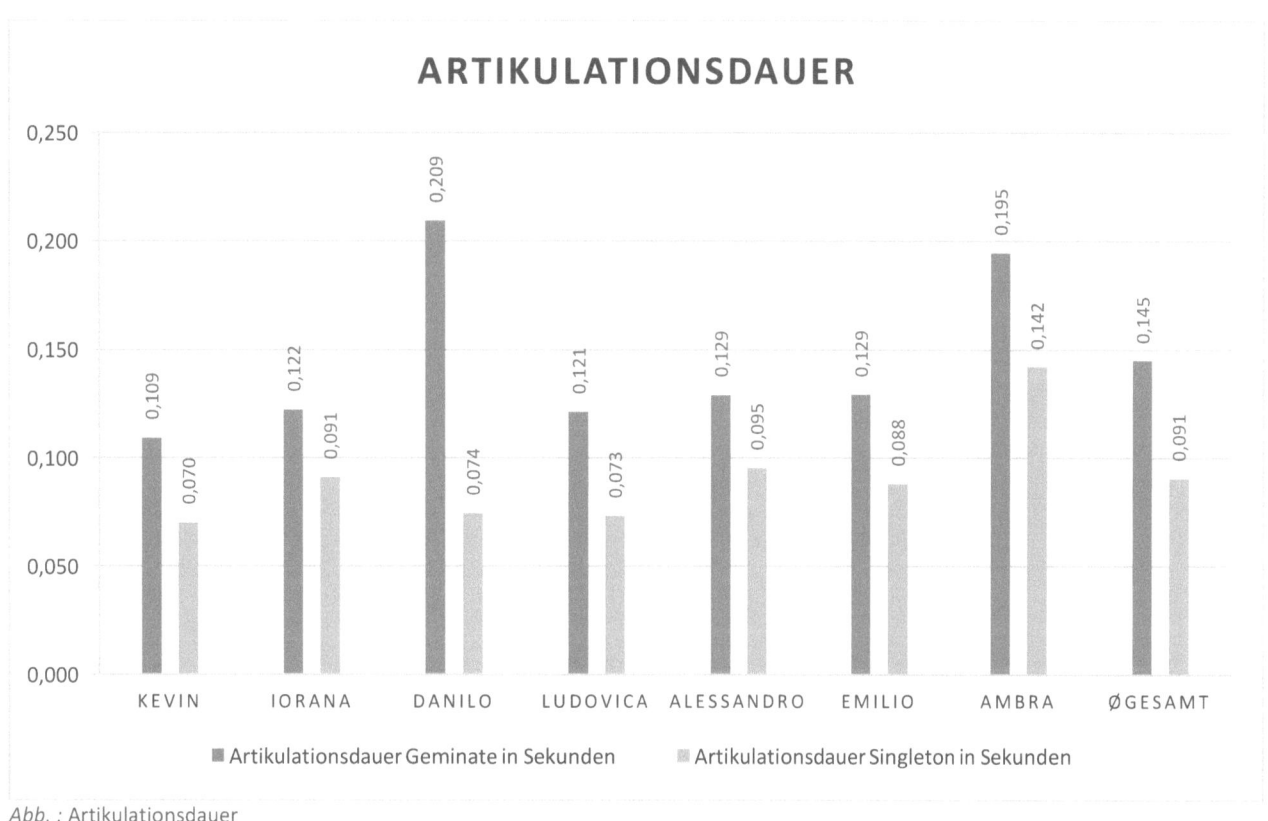

ARTIKULATIONSDAUER

	KEVIN	IORANA	DANILO	LUDOVICA	ALESSANDRO	EMILIO	AMBRA	ØGESAMT
Geminate	0,109	0,122	0,209	0,121	0,129	0,129	0,195	0,145
Singleton	0,070	0,091	0,074	0,073	0,095	0,088	0,142	0,091

■ Artikulationsdauer Geminate in Sekunden   ■ Artikulationsdauer Singleton in Sekunden

Abb. : Artikulationsdauer

Kevin hat die Geminaten durchschnittlich 0,109 Sekunden lang artikuliert, während die Singletons lediglich eine Dauer von 0,070 Sekunden aufweisen. Dies entspricht einer Differenz von 0,039 Sekunden, bzw. 55,7%. Ioranas Geminaten dauern im Schnitt 0,122 Sekunden, ihre Singletons dauern hingegen 0,091 Sekunden, die Differenz beträgt 0,031 Sekunden (34,1%). Danilo weist bei Geminaten eine Dauer von 0,209 Sekunden und bei Singletons von 0,074 Sekunden auf. Die Differenz liegt folglich bei 0,135 Sekunden und somit 182,40%. Ludovica hat die Geminaten durchschnittlich 0,121 Sekunden artikuliert, demgegenüber stehen die Singletons mit 0,073 Sekunden, was einer Differenz von 0,048 Sekunden, respektive 65,8% entspricht. Bei Alessandro dauerte die Artikulation der Geminaten im Schnitt 0,129 Sekunden, während die Singletons einen Wert von 0,095 Sekunden aufweisen. Die Differenz liegt folglich bei 0,034 Sekunden und somit 35,8%. Die Geminaten von Emilio haben eine durchschnittliche Länge von 0,129 Sekunden, die Singletons artikulierte er im Schnitt 0,088 Sekunden lang. Diese Differenz von 0,041 Sekunden entspricht einem prozentualen Anteil von 46,6%. Die Erstklässlerin Ambra hat die Geminaten durchschnittlich 0,195 Sekunden lang erzeugt, während ihre Singletons 0,142 Sekunden dauerten und folglich 0,053 Sekunden kürzer waren. Hier liegt die Differenz bei 37,3%. Der errechnete Gesamtschnitt aller analysierten Geminaten liegt bei 0,145 Sekunden, jener der Singletons bei 0,092 Sekunden. Die Differenz beträgt demnach 0,054 Sekunden und somit einem prozentualen Anteil von 59,3%. Die hier dargelegten Werte können der Tabelle 8 entnommen werden.

	Geminaten in S	Singletons in S	Differenz in S	Differenz in %
Kevin	0,109	0,070	0,039	55,7%
Iorana	0,122	0,091	0,031	34,1%
Danilo	0,209	0,074	0,135	182,40%
Ludovica	0,121	0,073	0,048	65,8%
Alessandro	0,129	0,095	0,034	35,8%
Emilio	0,129	0,088	0,041	46,6%
Ambra	0,195	0,142	0,053	37,3%
Gesamt	**0,145**	**0,091**	**0,054**	**59,3%**

Tabelle 8: ermittelte Werte der Studie inklusive errechneter Differenz in Sekunden sowie Prozent

Es lässt sich zusammenfassend also feststellen, dass die analysierten Geminaten mindestens 0,031 Sekunden und maximal 0,135 Sekunden länger artikuliert wurden als die Singletons, dies entspricht einer Spanne von 34,1% bis 182,40%. Tabelle 9 stellt nun die durchschnittliche Konsonantenlänge der artikulierten Geminaten und Singletons, sortiert nach Klassenstufe der Sprecher, dar.

	Konsonantenlänge 1.Kl.	Konsonantenlänge 3.Kl.	Konsonantenlänge 4.Kl.
Geminaten	0,147	0,125	0,162
Singletons	0,078	0,084	0,115
Differenz	0,068	0,041	0,047

Tabelle 9: Konsonantenlängen nach Klassenstufe

Hieraus ist ersichtlich, dass die durchschnittliche Länge der Geminaten, erzeugt von Erstklässlern, bei 0,147 Sekunden liegt, während die Singletons 0,078 Sekunden andauern – dies entspricht einer Differenz von 0,068 Sekunden. Bei den Drittklässlern beträgt die Geminatendauer 0,125 Sekunden, die Singletondauer lediglich 0,084 Sekunden, woraus eine Differenz von 0,041 Sekunden resultiert. Die Viertklässler artikulierten die Geminaten im Schnitt 0,162 Sekunden lang und die Singletons 0,115 Sekunden, dies ergibt eine Differenz von 0,047 Sekunden.

5. Diskussion

Ein festgelegtes Ziel der Studie war es herauszufinden, ob intervokalische Geminaten in zweisilbigen Wörtern mit der Betonung auf der vorletzten Silbe, signifikant länger artikuliert werden, als Singletons im ähnlichen Rahmen. Die Ergebnisse der Studie zeigen, dass die Geminaten durchschnittlich 0,054 Sekunden länger artikuliert wurden als die Singletons, was einer 59,3% prozentig längeren Aussprache entspricht. Folglich kann der erste Part der Forschungsfrage bejaht werden, da 59,3% deutlich signifikant sind. Zu den Ursachen der längeren Artikulation von Geminaten wurde in dieser Arbeit nicht geforscht, sodass es hier weiterer Forschung sowie einer weiterführenden Studienarbeit bedarf. Grundlegende, bereits erforschte, potenzielle Ursachen können jedoch dem Abschnitt 2 entnommen werden. In einem weiteren Schritt sollte ermittelt werden, ob es einen Unterschied zwischen der Artikulationsdauer der Sprecher aus der 1., 3. und 4. Klasse gibt. Zu diesem Zweck wurden die Werte der einzelnen Kinder der jeweiligen Klassenstufe addiert um den Mittelwert zu bilden, bevor dann die Differenz zwischen Geminaten und Singletons ermittelt wurde. Tabelle 9 im vorherigen Kapitel zeigt, dass die analysierten Erstklässler die größte Differenz aufweisen (0,068 Sekunden). Die Dritt- und Viertklässler liegen mit 0,041 und 0,047 Sekunden sehr nah beieinander. Betrachtet man jedoch nur die Geminatenlängen der einzelnen Klassenstufen, sieht man, dass nicht die Erst- sondern die

Viertklässler die Geminaten am längsten artikuliert haben. Die kürzesten Singletons hingegen haben die Erstklässler produziert. Zusammenfassend kann festgestellt werden, dass die Artikulationsdauer weder mit höherer Klassenstufe abnimmt, noch mit niedrigerer Klassenstufe zunimmt. Der Jahrgang des interviewten Kindes lässt folglich nicht auf eine besonders lange oder kurze Geminatendauer schließen, so dass hier ein statistisch nicht signifikantes Ergebnis vorliegt.

6. Fazit

Werden intervokalische Geminaten in zweisilbigen Wörtern mit der Betonung auf der vorletzten Silbe signifikant länger artikuliert, als Singletons im ähnlichen Rahmen? Liegt ein Unterschied in der Geminatenlänge zwischen den untersuchten Klassenstufen vor und lässt sich so auf eine zu- oder abnehmende Artikulationslänge bei steigendem Alter, respektive steigenden Artikulationsfähigkeiten schließen? Diese Forschungsfragen zu beantworten, war das Ziel der vorliegenden Arbeit, die in diesem Kapitel resümiert werden soll. Nachdem eine theoretische Einführung in das Thema erfolgte, wurde die Forschungsfrage dargelegt. Kapitel 3 behandelte dann die Studie und somit den Kern dieser Arbeit. Um die Forschungsfrage beantworten zu können, wurden Aufnahmen von sieben Schülern der italienischen Grundschule Hamburg mithilfe des Programms Folker transkribiert und anschließend mittels Praat die Konsonantenlängen der ausgewählten Singletons und Geminaten gemessen. Diese Werte wurden in einem weiteren Schritt aufaddiert um die Mittelwerte jedes Kindes zu erhalten. Anschließend wurden die Mittelwerte erneut summiert um den gesamten Durchschnittswert von Geminaten und Singletons zu errechnen. In einem zusätzlichen Arbeitsschritt, der zur Beantwortung der zweiten Forschungsfrage beitragen sollte, wurden aus den Konsonantenlängen der einzelnen Klassenstufen die Mittelwerte gebildet um zu überprüfen, ob die Klassenstufe und folglich die Artikulationsfähigkeit der Kinder zur Geminatenlänge beiträgt. In Kapitel 4 wurden die Ergebnisse dargelegt und visualisiert, bevor diese im fünften Kapitel diskutiert wurden. Es lässt sich festhalten, dass die gemessenen Geminaten durchschnittlich 0,054 Sekunden länger artikuliert wurden, als die ausgewählten Singletons. Die Ursachen hierfür wurden in der vorliegenden Arbeit nicht erforscht, sondern bedürfen einer weiterführenden und umfangreicheren Forschungsarbeit. Des Weiteren zeigten die Ergebnisse keinen signifikanten Unterschied zwischen den einzelnen Klassenstufen, sodass nicht bestätigt werden kann, dass die Artikulationslänge von Geminaten mit dem Alter der Kinder, respektive den Sprachfähigkeiten zusammenhängt. Im Forschungsprozess dieser Arbeit konnten zwei Bereiche eruiert werden, die weiterer Forschungsarbeit bedürfen und deren Thematisierung zur Erfassung des Gesamtbildes beitragen würden, um so einen Mehrwert zu leisten. Im zweiten Kapitel wurde bereits darauf eingegangen, dass die Ursachen für die Differenzierung zwischen Geminaten und Singletons einen Streitpunkt in der Literatur darstellen. Giovanardi und Di Benedetto (1998), Zmarich & Gili Fivela, (2005) sowie Tagliapietra und McQueen (2010) stellen fest, dass die Länge des vorangehenden Vokals maßgeblich mit der Konsonantenlänge zusammenhängt. Pickett et al. (1999) sehen die Ursache hingegen bei der Sprechrate, mit dessen Steigerung die Länge von Geminaten abnehme. In diesem Zusammenhang könnten allgemeingültige Regeln zur Differenzierung zwischen Geminaten und Singletons ergründet werden und zudem tiefgehender erforscht werden, welche Faktoren zur längeren Artikulation der Geminaten führen. Ein weiterer Forschungsansatz könnte in der Bilingualität der interviewten Kinder begründet liegen. Hier könnte mittels eines Vergleichs analysiert werden, ob die Gemination des Italienischen von den Kindern auch im Deutschen Anwendung findet und somit ein Einfluss des Italienischen auf die Phonologie des Deutschen gegeben ist.

7. Literatur

BERTINETTO, P. M. (1981). Strutture prosodiche dell'Italiano. Florence: Accademia della Crusca.

BERTINETTO, P. M. (1985). A proposito di alcuni recenti contributi alla prosodia dell'italiano. Annali della Scuola Normale Superiore di Pisa, Series III 15. pp. 581-643.

BUßMANN, H. (2008). Lexikon der Sprachwissenschaft. 4., durchgesehene und bibliographisch ergänzte Auflage. Stuttgart: Kröner.

CHANG, W. (2000). Geminate vs. Non-Geminate Consonants in Italian: Evidence from a Phonetic Analysis. Volume 7, Issue 1, Proceedings of the 24th Annual Penn Linguistics Colloquium. University of Pennsylvania Working Papers in Linguistics

CHOMSKY, N. & HALL, M. (1968). The Sound Pattern of English. Cambridge (MA): MIT Press.

De GREGORIO, G. (1935). La genesi delle cosiddette consonanti doppie o geminate. In: Bruno Migliorini -V. Pisani (eds.). pp. 66-72.

FALUSCHI, S. & DI BENEDETTO, M. (2001). Acoustic analysis of singleton and geminate affricates in Italian. The European Journal of Language and Speech.

GABRIEL, C. & MEISENBURG, T. (2007). Romanische Sprachwissenschaft. Paderborn: Fink.

GIOVANARDI, M. & Di BENEDETTO, M.G. (1998).Acoustic analysis of singleton and geminate fricatives in Italian. In European student journal of language and speech.

HALL, R. A. (1948). Descriptive Italian Grammar. Ithaca, N. Y.: Cornell University Press.

HAM, W. H. (1998): Phonetic and phonological aspects of geminate timing. Ithaca, CLC Publications.

HURCH, B. & TONELLI, L. (1982). /'matto/ oder /'mat:o/? Jedenfalls ['mat:o]. Zur Konsonantenlänge im Italienischen. Wiener linguistische Gazette 29. pp.17-38.

KUPISCH, T., BARTON, D., HAILER, K., STANGEN, I., LEIN, T., & van de WEIJER, J. (2014). Foreign accent in adult simultaneous bilinguals. Heritage Language Journal, 11(2), pp.123-150.

LOPORCARO, M. (1990). On the analysis of geminates in Standard Italian and Italian dialects. Natural Phonology: The State of the Art. Papers from the Bern Workshop on Natural Phonology, Berlin-New York-Amsterdam, Mouton de Gruyter, pp.149-174.

LOPORCARO, M & BERTINETTO, P.M. (2005). The sound pattern of Standard Italian, as compared with the varieties spoken in Florence. Journal of the International Phonetic Association, 35(2):131-151.

LUSCHÜTZKY, H. C. (1984). Remarks on Segmental Quantity in Italian. Wiener linguistische Gazette 33-34. pp. 105-120.

MARTINET, A. (1975). Géminées et 'paires minimales, Revue Roumaine de Linguistique 20. pp.377-379.

McCRARY, (2004). Reassessing the Role of the Syllable in Italian Phonology: An Experimental Study of Consonant Cluster Syllabification, Definite Article Allomorphy and Segment Duration. (p194)

MIONI, A. M. (1973). Fonematica contrastiva. Bologna: Pàtron.

MULJACIC, Ž.(1972). Fonologia della lingua italiana. Bologna: Il Mulino.

PASSINO, D. (2008). Aspects of consonantal lengthening in italian. A casestudy on gemination of world-final consonants in the adaption of loanwords, Padova: Unipress.

PAYNE, E. M. (2005). Phonetic variation in Italian consonant gemination. 2005 Journal of the International Phonetic Association, Volume 35, Issue 2.

PICKETT, E. R., BLUMSTEIN, S. E. & BURTON M. W. (1999). Effects of speaking rate on the singleton/geminate consonant contrast in Italian. Phonetica 56: 135-157.

PORRU, G. (1939). Anmerkungen über die Phonologie des Italienischen, Travaux du Cercle Linguistique de Prague 8. pp. 187-208.

ROMEO, L. (1967). On the phonemic status of the so-called 'geminates' in Italian. Linguistics 29: 105-116.

SALTARELLI, M. (1970). A Phonology of Italian in a Generative Grammar. The Hague: Mouton.

STEVENS, M. (2011). Consonant Length in Italian: Gemination, Degemination and Preaspiration. In Selected Proceedings of the 5th Conference on Laboratory Approaches to Romance Phonology, ed. Scott M. Alvord, 21-32. Somerville, MA: Cascadilla Proceedings Project.

SWADESH, M. (1937).The Phonemic interpretation of Long Consonants, Language Vol. 13, pp. 1-10.

TAGLIAPETRA, L. & McQUEEN, J. M. (2010). What and where in speech recognition: Geminates and singletons in spoken Italian. Journal of Memory and Language 63. pp. 306–323

TRUBECKOJ, N. S. (1939). Grundzüge der Phonologie. Praha: TCLP.
[It. transl. Turin: Einaudi 1971].

VALESIO, P. (1967). Geminate vowels in the structure of contemporary Italian.
Lingua 18. pp. 251-270.

VOGEL, I. (1982). La sillaba come unità fonologica. Bologna: Zanichelli.

ZMARICH, C. & GILI FIVELA, B. (2005), Consonanti scempie e geminate in italiano: studio
cinematico e percettivo dell'articolazione bilabiale e labiodentale, in Misura dei parametri,
Atti del 1° Convegno Nazionale dell'Associazione Italiana di Scienze della Voce.
Padova, 2-4 dicembre, 2004. Brescia: EDK Editore, pp. 429-448.

8. Abbildungen & Tabellen

Abb.1:	Schematische Darstellung der vertretenen Traditionen (Loporcaro 1990)
Abb.2:	Geminateneigenschaften nach Chomsky & Halle (1968) in Ham (1998)
Abb.3:	Darstellung Geminate aus Praat – "sette" von Emilio
Abb.4:	Darstellung Singleton aus Praat – "porta" von Emilio
Abb.5:	Betonter Vokal, gefolgt von einer Geminate (McCrary 2004)
Abb.6:	Silbenstrukturbaum ['fat.to] fatto ,gemacht'
Abb.7:	Silbenstrukturbaum ['fa.to] fato ,Schicksal'
Abb.8:	Artikulationsdauer
Tabelle 1	Artikulationsdauer Kevin
Tabelle 2	Artikulationsdauer Iorana
Tabelle 3	Artikulationsdauer Danilo
Tabelle 4	Artikulationsdauer Ludovica
Tabelle 5	Artikulationsdauer Alessandro
Tabelle 6	Artikulationsdauer Emilio
Tabelle 7	Artikulationsdauer Ambra
Tabelle 8	Ermittelte Werte der Studie inklusive errechneter Differenz in Sekunden sowie Prozent
Tabelle 9	Konsonantenlängen nach Klassenstufe